Terapia da paz

Coleção TERAPIA

• 1. Terapia da aceitação • 2. Terapia da amizade • 3. Terapia da autoestima • 4. Terapia da coragem diária • 5. Terapia do perdão • 6. Terapia do trabalho • 7. Terapia da oração • 8. Terapia do aniversário • 9. Terapia do bem-estar • 10. Terapia da paz • 11. Terapia da simplicidade • 12. Terapia do corpo • 13. Terapia do divertimento • 14. Terapia do ser mulher • 15. Terapia do Natal • 16. Terapia do estresse • 17. Terapia do casamento • 18. Terapia da vida • 19. Terapia do recém-nascido • 20. Terapia do professor • 21. Terapia da tristeza • 22. Terapia do viver segundo o espírito • 23. Terapia da ajuda • 24. Terapia da família • 25. Terapia do alto-astral • 26. Terapia de cada dia • 27. Terapia da serenidade • 28. Terapia do ser mãe • 29. Terapia da depressão • 30. Terapia da jardinagem • 31. Terapia da confiança em Deus • 32. Mais Terapia do bem-estar • 33. Terapia da tristeza para homens • 34. Terapia para pais e mães • 35. Terapia da preocupação • 36. Terapia do envelhecer com sabedoria • 37. Terapia da música • 38. Terapia para uma aposentadoria feliz • 39. Terapia da gratidão • 40. Terapia da adolescência • 41. Terapia para amenizar o sofrimento • 42. Terapia para lidar com pessoas difíceis • 43. Terapia da natureza • 44. Terapia do divórcio • 45. Terapia da boa alimentação • 46. Terapia para superar a solidão • 47. Terapia para curar seu coração • 48. Terapia da doação de si mesmo • 49. Terapia para vivência do luto no tempo de Natal • 50. Terapia da autoconfiança • 51. Terapia da gravidez • 52. Terapia para superar abusos e maus-tratos • 53. Terapia para enfrentar o câncer • 54. Terapia para enfrentar o vazio espiritual • 55. Trinta orações para momentos difíceis • 56. No aniversário de sua perda • 57. Terapia para a resolução de conflitos • 58. Quando seu pai ou sua mãe morre • 59. Terapia do toque • 60. Para viver cada dia, uma palavra da Bíblia

Terapia da paz

Carol Ann Morrow

Ilustrações de R. W. Alley

Título original
Peace Therapy
© Abbey Press, St. Meinrad, Indiana, 1995
ISBN 0-87029-273-0

Tradução
Edson Gracindo de Almeida

Impressão e acabamento
PAULUS

Seja um leitor preferencial **PAULUS**.
Cadastre-se e receba informações sobre nossos lançamentos
e nossas promoções: **paulus.com.br/cadastro**
Televendas: **(11) 3789-4000 / 0800 016 40 11**

1ª edição, 1998
13ª reimpressão, 2021

© PAULUS – 1998

Rua Francisco Cruz, 229 • 04117-091 – São Paulo (Brasil)
Tel.: (11) 5087-3700
paulus.com.br • editorial@paulus.com.br

ISBN 978-85-349-1169-6

Prefácio

"Senhor, fazei-me instrumento de vossa paz." Assim começa a famosa oração de são Francisco de Assis.

Por algum tempo, Francisco levou a vida de um nobre que, junto com os ideais românticos e cavalheirescos, também incluía batalhas e encarceramentos. Foi no calabouço que Francisco abraçou uma nova missão, missão que hoje chamaríamos "terapia da paz".

Trocou uma nobreza exterior, ocupada com a garantia da paz em Assis, pelo compromisso interior de tornar-se uma pessoa de paz. Progredindo na paz, foi capaz de abrandar um lobo, enfrentar um sultão e saudar o furor da Irmã Morte com palavras de acolhida.

Pensando em nosso lugar na paz de Deus, vemos como os conflitos globais começam pelo medo, pela inveja, pelo ódio, pela desconfiança e pela trapaça.

Como podemos condenar a violência de nossas ruas e a guerra nos outros países, se o nosso coração abriga os mesmos sentimentos de agressão? Podemos esperar que o mundo exterior reflita nosso tumulto interior — com certeza.

Terapia da paz é uma declaração de paz, em palavra e imagens. Que com ela você alcance paz íntima e permaneça em paz com todo o seu ser — corpo, mente, coração, alma.

1.

Esteja em paz consigo mesmo. Ainda que Deus o chame ao crescimento e ao progresso, ele o ama assim como você é. Você tem um valor incomensurável, pois é filho de Deus.

2.

Não lute com aspectos seus que você não consegue mudar. Aceite seu lado sombrio, suas falhas e fraquezas, bem como suas forças. A paz interior une os aspectos numa totalidade.

3.

Apoie-se em valores que você escolheu com empenho e decisão. Depois, verifique em que suas próprias atitudes e ações estão em luta com tais valores. Só você pode encerrar o conflito.

4.

Admita se você elegeu o rancor, a desconfiança e a hostilidade como armadura contra um mundo que no passado feriu você. Empenhe-se na retirada dessa armadura, peça por peça.

5.

Descerre os dentes e os punhos e largue suas armas. Se sua postura está tensa, acautelada e atenta, você prepara-se para a batalha, não para a paz. Deixe seu corpo ser um enviado diplomático a um mundo ávido de paz.

6.

Manter uma lista de inimigos sobrecarrega sua energia e endurece seu coração. Procure o bem, para o qual Deus tem os olhos; ame os seus inimigos. Quando já não restarem inimigos, então haverá paz.

7.

Perturbar a paz é crime. Se por causa das picuinhas da vida você esbraveja, enlouquece e se lamuria, repisando-as, contenha-se!

8.

Quando existir alguém com quem você tem desavenças, comece a fazer as pazes na sua imaginação. Pense estar em paz. Aos poucos, amplie a imagem, incluindo a outra pessoa. Ponha essa imagem em sua memória e olhe para ela com amor, de quando em quando.

9.

Lide com sua raiva. Os que machucam você o fazem a partir da própria insegurança, ignorância e fraqueza, não da força. Seja forte e ultrapasse a raiva, rumo ao perdão.

10.

Assuma a responsabilidade pelas vezes em que você feriu os outros porque lhe faltava paz interior. Repare-se com eles, quando puder.

11.

Chutar o gato, bater a porta, azucrinar as ideias com lengalengas não são atitudes de paz. Esteja ciente de como seus sentimentos ignorados seguem rompendo de maneira inadequada. Maneje esses sentimentos.

12.

A paz enxerga semelhanças entre as pessoas, não diferenças ameaçadoras que criam barreiras. Identifique uma diferença — um valor, uma atitude, uma escolha — que ameace você. Não julgue tal diferença, mas procure entendê-la.

13.

Guerras terríveis começaram pelo controle do território e pelo exercício do poder. Considere sua necessidade de domínio e de poder sobre os demais. Quanto mais você conseguir abandonar essa necessidade, menos razão terá para perturbar a paz com atos de violência. Você poderá tornar-se uma ponte, em vez de uma patrulha de fronteira.

14.

Fale com amabilidade. Se ouvir injúria em seu palavreado, esta vem de um lugar de dentro de seu coração. Prefira o vocabulário da paz e da serenidade às palavras de condenação, pragas, pesar e queixa.

15.

Use um tom gentil para chamar membros da família ao telefone, para o jantar, ou as crianças da brincadeira. Não ordene, antes convide; espere a cooperação, não a resistência. Seja paciente. A paz vem com asas leves, não com debandada estrondeante.

16.

Meça suas palavras de julgamento. É raro as pessoas se beneficiarem da crítica áspera a seu caráter ou às suas ações. Escolha palavras elogiosas e de aceitação, palavras que constroem a paz.

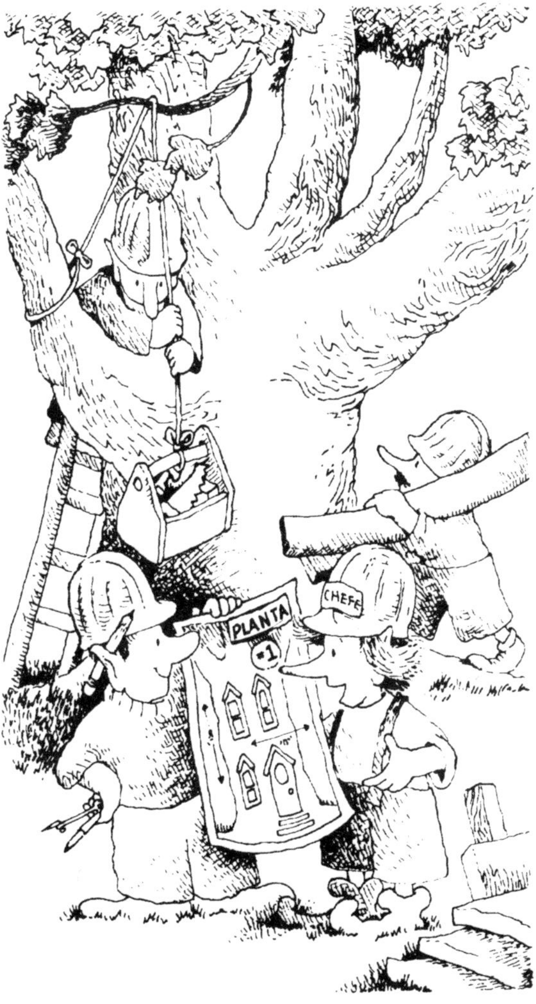
PLANTA
#1
CHEFE

17.

Fique em paz com sua condição. Deixe para lá aquilo sobre o que você não tem poder algum. Onde você, sim, tem poder e algo deve ser mudado, faça o que puder e pronto. Não precisa determinar tudo.

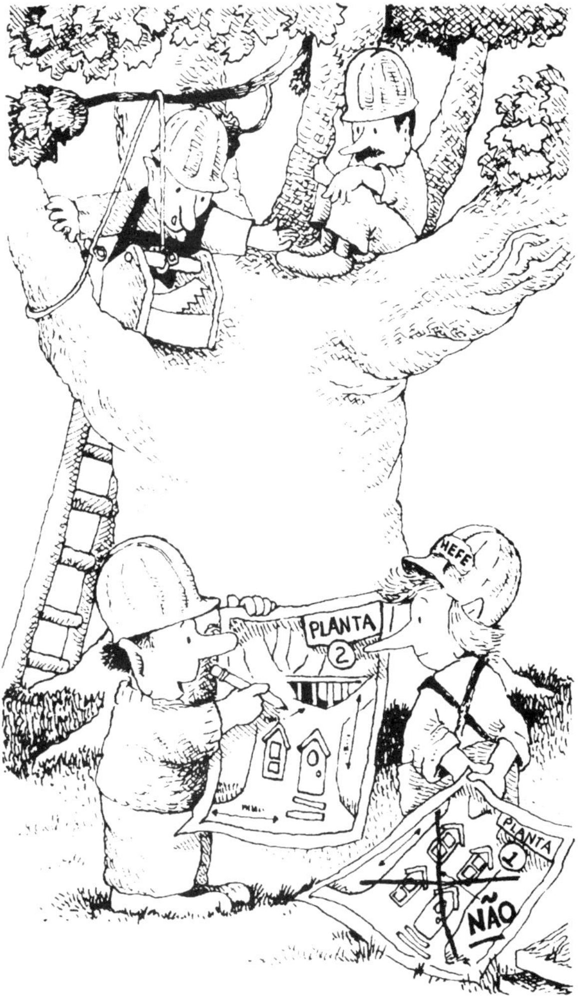

HEFE
PLANTA
2
PLANTA
1
NÃO

18.

Declare uma zona de proteção pessoal. Transforme um cantinho de sua casa em refúgio, em santuário. Sentindo o humor desgastado e percebendo a voz alterada, passe um tempo aí — talvez com um livro, um cartaz ou um objeto que sussurre paz ao seu coração.

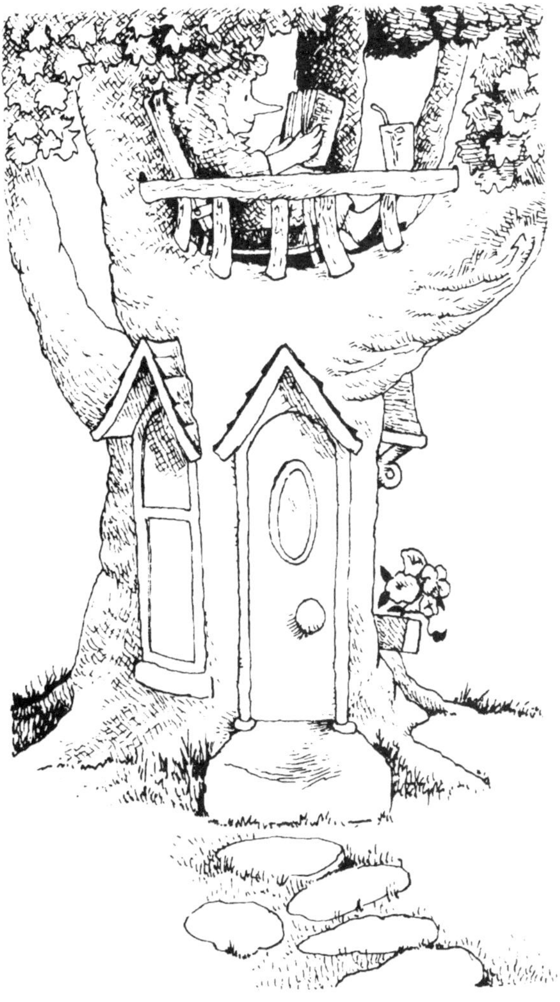

19.

Acumule a paz do seu passado. Rememore as vezes e os lugares em que você conheceu paz, volte para lá na realidade ou no seu coração. Traga para os desafios de hoje o sentimento, a beleza desses momentos.

PRAIA

20.

Deixe o coração imperturbável. Ainda que não consiga enxergar o fim de uma hora amarga, acalente o coração com a confiança em uma Força superior a você.

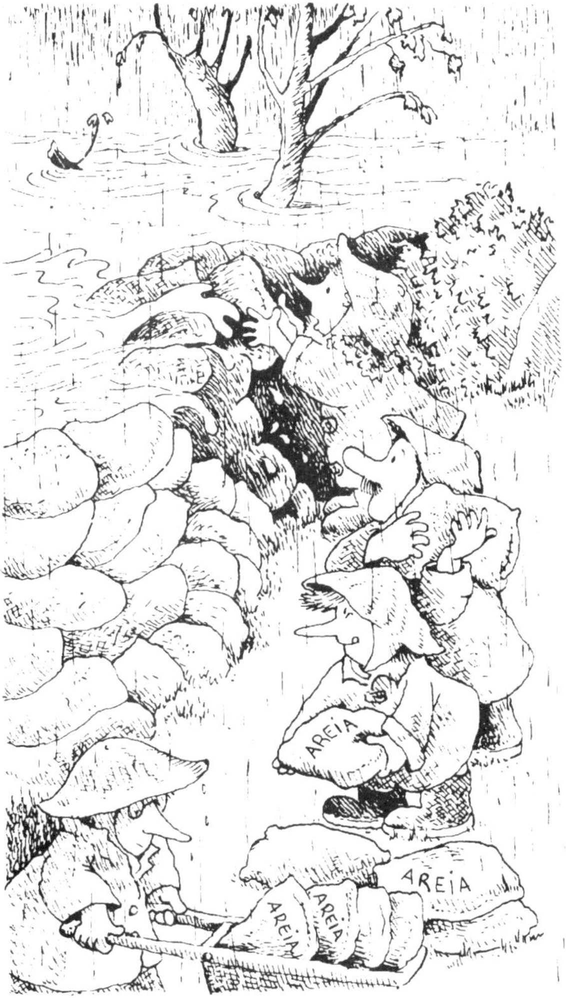
AREIA
AREIA
AREIA
AREIA

21.

A paz pode ser perturbada com tanto vaivém. Decida com que pessoas e projetos você quer ocupar o seu dia. Transfira os compromissos com a "visita" dos outros para amanhã, para a semana ou o ano que vem. Então aprecie aquilo para o que você decidiu voltar a atenção.

IGREJA
REUNIÕES & ATIVIDADES
HOJE
13:00
SEXTA
SALÃO
LEIA
ASSINE
QUARTA ÀS 8:00
AGENDA
IR
FAZER
REUNIÃO 19:30

22.

A aceitação passiva da injustiça não é paz, é uma ameaça à paz. Perceba a ameaça e trabalhe pela justiça. Mas procure evitar métodos que sejam contrários à pacificação e à justiça que você está tentando firmar.

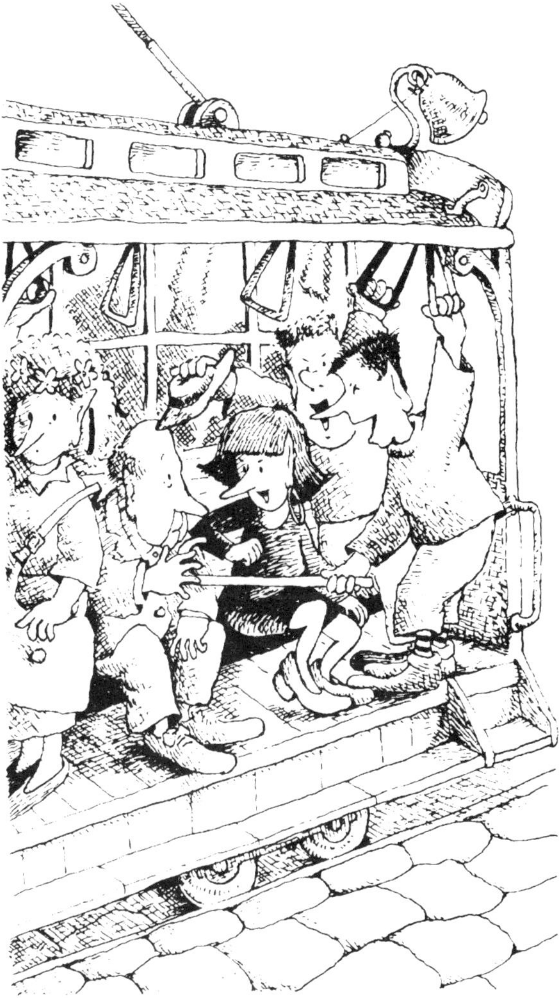

23.

Ser de paz não é o mesmo que ser pacato. Você pode ser incisivo e decidido, até exaltado e enérgico, embora seja de paz. A paz é mais profunda que a quietude da inércia. A paz exige a participação.

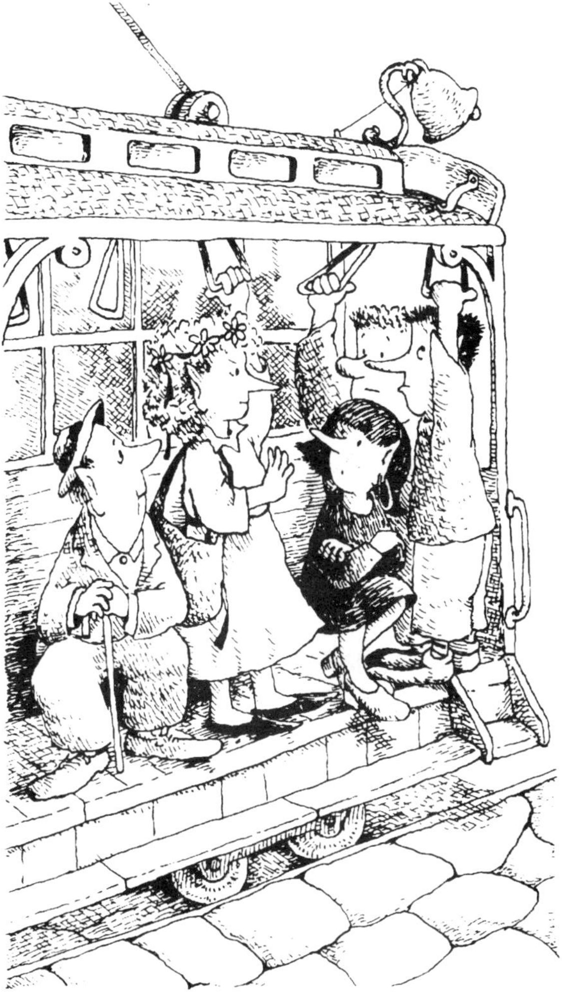

24.

A escuta da expressão de sentimentos dos outros — incluindo a raiva — é um gesto de paz. Não ouça apenas para saber quando intervir com suas próprias palavras. Quando se está entregue por inteiro à escuta, a gente convida o outro a estabelecer paz interior.

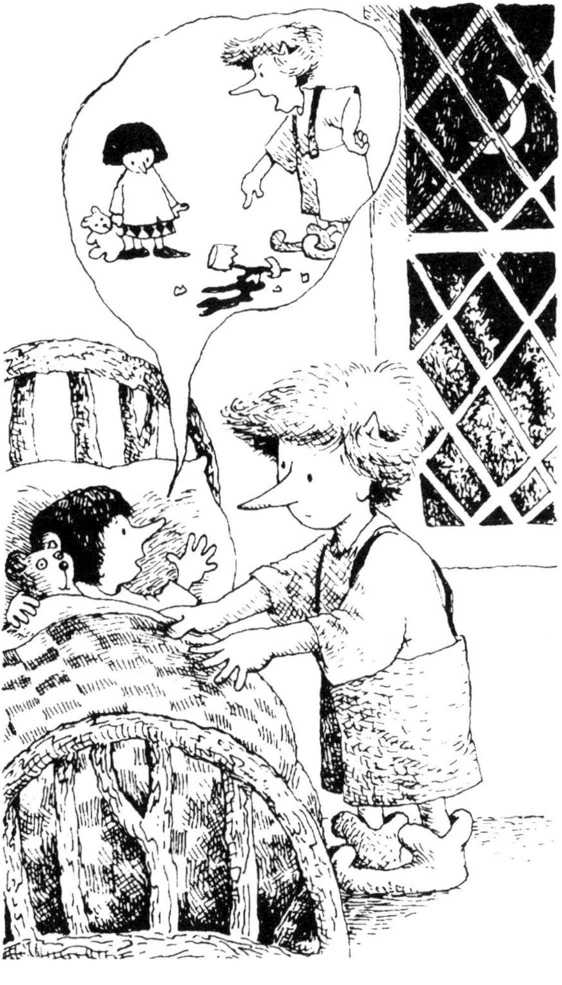

25.

A paz não é simplesmente um ramalhete que você estende a uma mão amiga. Todavia você pode ser o próprio ramalhete. E a fragrância talvez estimule as pessoas a plantar mudinhas de paz em seu próprio coração.

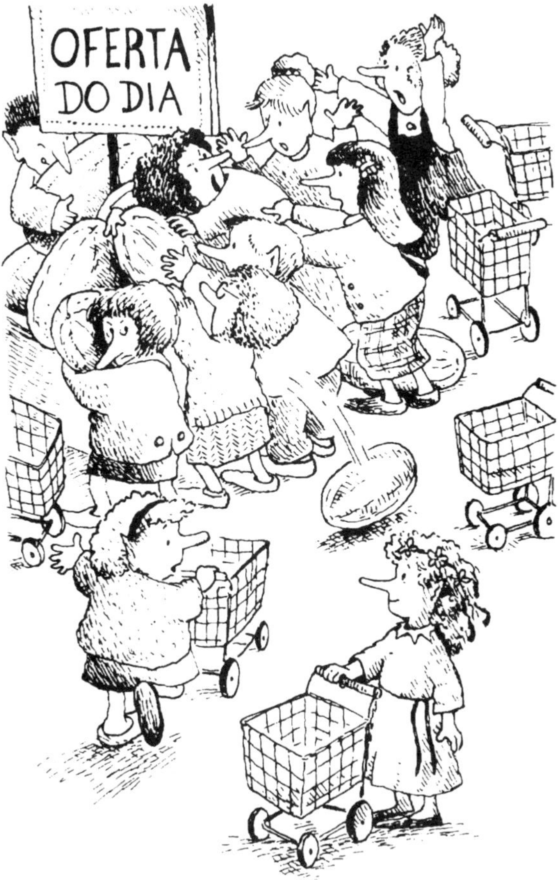
OFERTA
DO DIA

26.

Você mesmo não tem de "fazer" a paz, mas tão somente permitir que a paz de Deus — já presente — flua de você para os outros. Bloqueando sua suave corrente, você a obriga a traçar uma volta em torno de você. Seja um canal de paz.

OFERTA DO DIA

27.

Declare um dia de trégua, se parecer muito difícil alcançar a paz. Por 24 horas, cesse o fogo. A paz acontece um dia por vez.

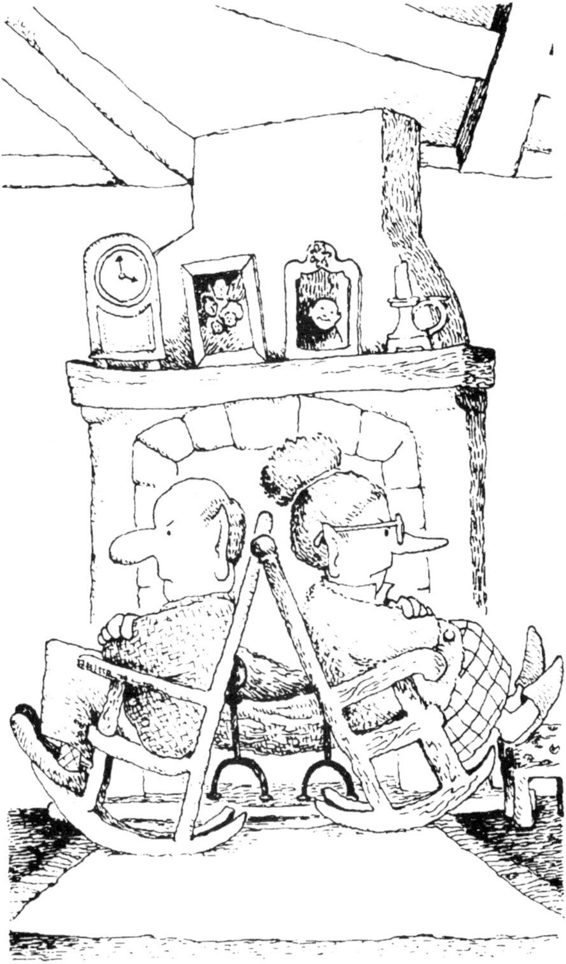

28.

Sua pacificação pode até ser local, mas assume ares de missão internacional: parar com os insultos, depor as armas, falar face a face, concordar em princípios básicos, honrar o pacto. Com prática, você pode declarar sua vida uma zona desmilitarizada.

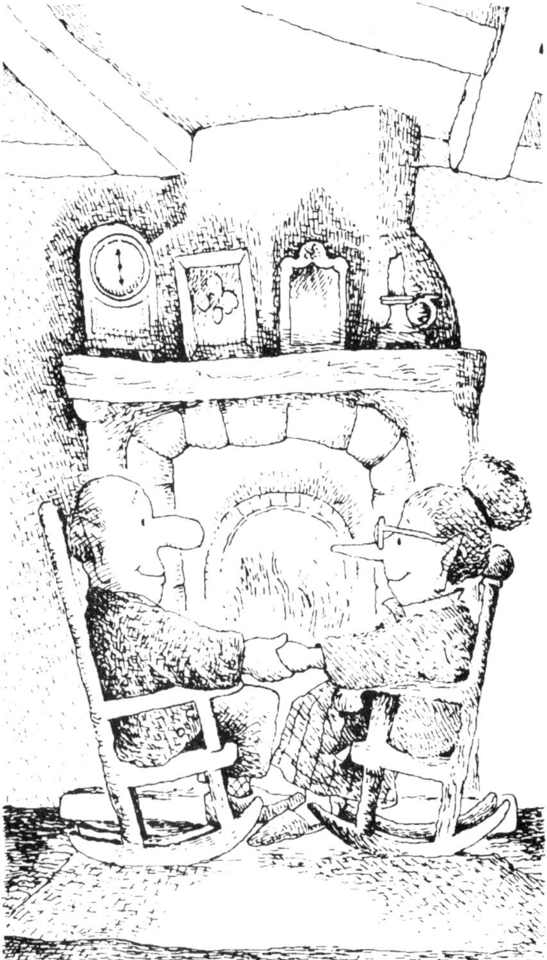

29.

Pratique atos esporádicos de bondade. Eles fortalecem os fracos de coração, confundem os duros de coração e consolam os de coração amargurado.

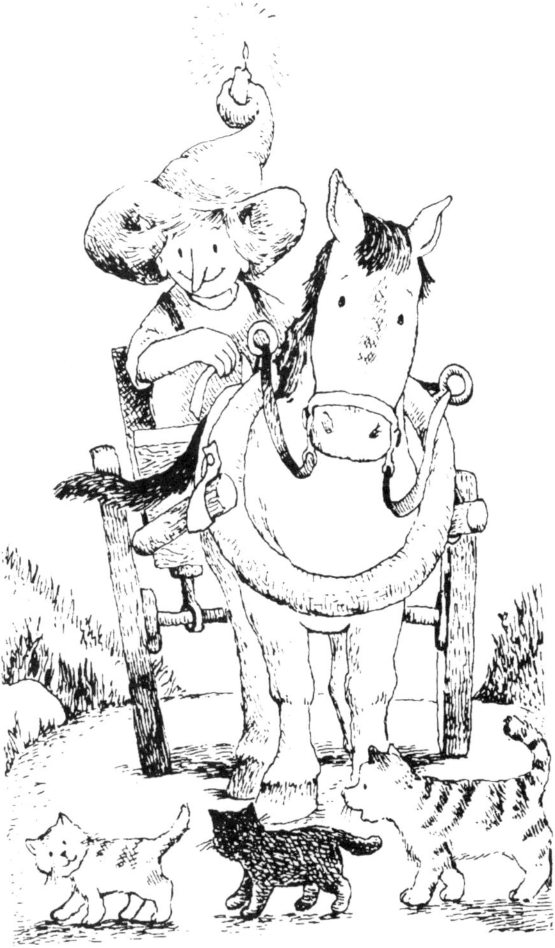

30.

Escolha o seu próprio tema da
paz — uma canção preferida,
um hino, poema ou oração.
Cantarole-o, assovie, leia ou recite,
quando se sentir sufocado.

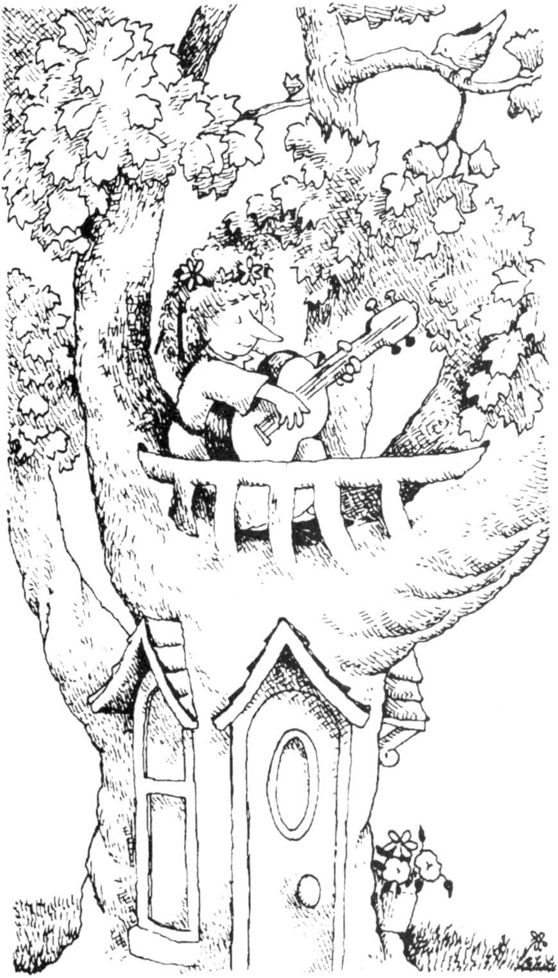

31.

Assim como os índios norte-americanos partilham o cachimbo da paz, você pode criar um momento de paz partilhando algo de seu: uma flor, um docinho, uma anotação de próprio punho, um cartão de felicitações. Seu gesto constrói uma atmosfera positiva e pacífica.

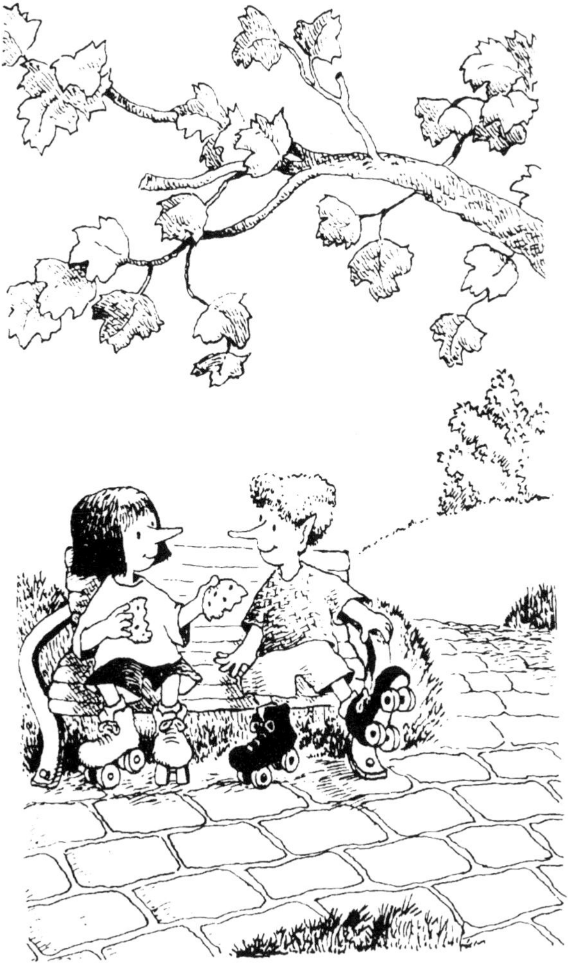

32.

Procure por sinais de paz: conflitos resolvidos, famílias reunidas, gente ajudando gente, povos eliminando armas em vez de empunhá-las. Ainda ressoa o "Paz na Terra" do coro dos anjos. Permita que essa melodia sustente sua esperança.

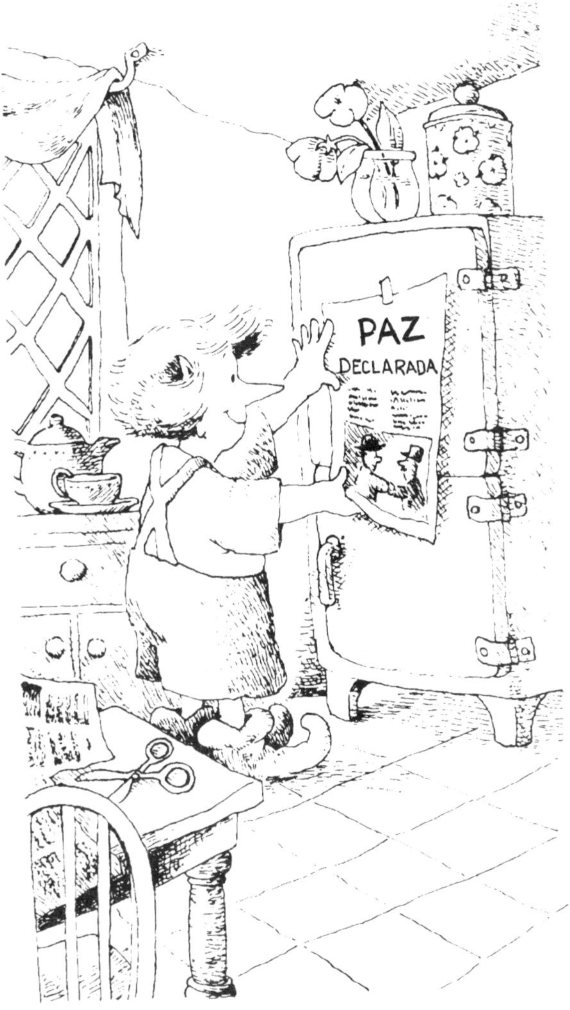
PAZ
DECLARADA

33.

Cada novo dia, imagine o mundo em paz. Imagine as fronteiras abertas, um comércio livre e limpo, armas fundidas em arados e enxadas. As invenções e as ações todas, antes, foram imaginadas. Pense em paz.

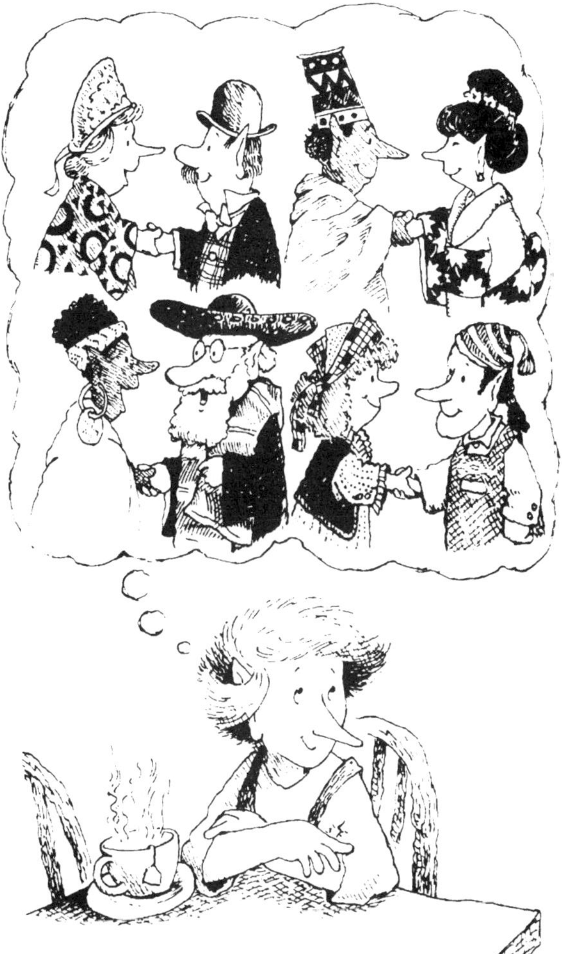

34.

A paz é tão real como as nuvens, que, embora pareçam castelos de vento e insubstanciais, asseguram força e bênçãos para a terra. Assim como elas agraciam o céu, assim também a paz agraciará a terra. Acredite na possibilidade, na realidade da paz.

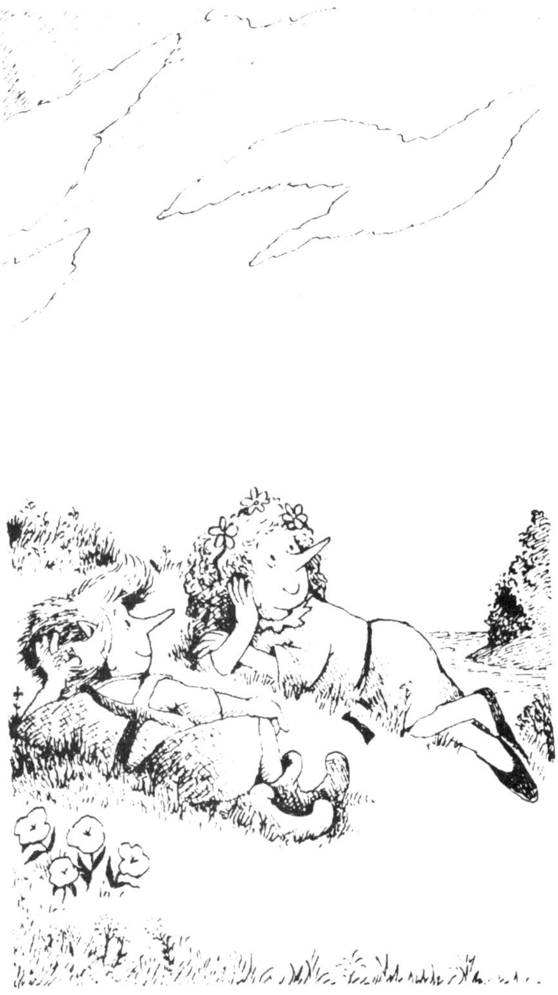

35.

Para construir a paz, você precisa estar em paz. A paz começa no coração de cada um.
Bem-aventurados os pacificadores.

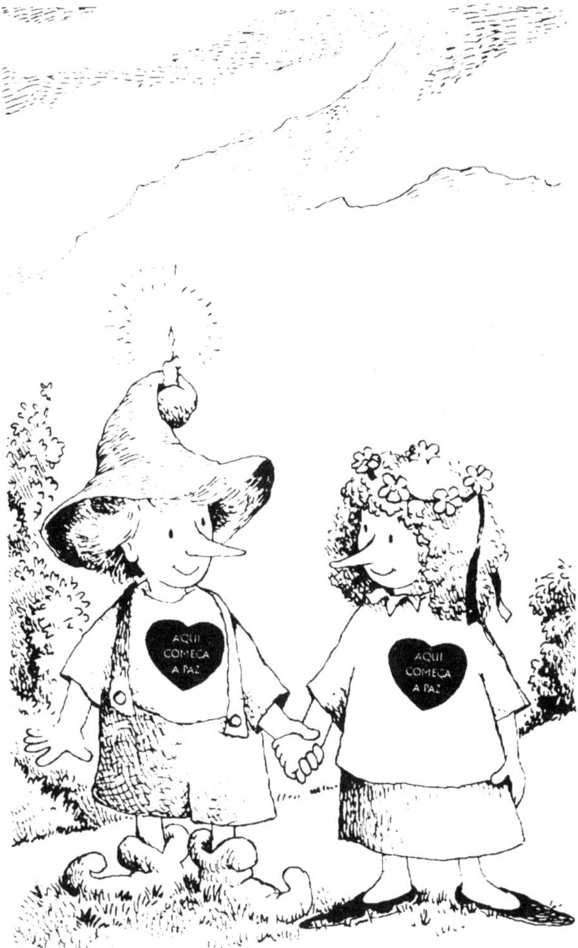
AQUI COMEÇA A PAZ
AQUI COMEÇA A PAZ

A História dos Elfos da Abbey Press

As personagens cativantes que povoam a linha de publicações e os produtos "Terapia" (elf-help) da Abbey Press apareceram inicialmente em 1987 nas páginas de um pequeno livro de autoajuda intitulado *Be-good-to-yourself Therapy*. Idealizados pela visão da equipe editorial e delineados nas ilustrações criativas de R. W. Alley, com elegância, perspicácia e humor, eles deram vida à orientação delicada e alentadora do autor Cherry Hartman.

A reação entusiástica dos leitores fez com que novos títulos "Terapia" logo começassem a ser preparados, uma série ainda em desenvolvimento que também inspirou uma linha afim de produtos para presentes.

A personagem extraordinariamente encantadora retratada nos primeiros livros – ostentando um chapéu com uma vela que muda de humor – recebeu a companhia de um animado elfo feminino com flores no cabelo.

Esses dois elfos exuberantes, sensíveis, criativos, bondosos e adoráveis, juntamente com sua animada comunidade de elfos, revelam o que é realmente importante, à medida que oferecem mensagens de alegria e de admiração, de jovialidade e de cocriação, de plenitude e de serenidade, o milagre da vida e o mistério do amor de Deus.

Com sabedoria e fantasia, essas pequenas criaturas com nariz longo nos ensinam como chegar a uma vida plena e realizada.

Carol Ann Morrow tem outros livros escritos. É redatora de uma revista americana para o público jovem, *Youth Update*. Casada, ela é membro associado das Irmãs de São Francisco, em Oldenburg, Indiana (EUA). Por intermédio de seu marido pacífico e das irmãs e irmãos franciscanos, tem aprendido muito a respeito da paz.

Ilustrador da Abbey Press Elf-help Books, **R. W. Alley** também ilustra e escreve livros infantis. Ele vive em Barrington, Rhode Island, com a esposa, a filha e o filho.